Non-butter Non-oil

ノンオイルだから おいしいお菓子

田中可奈子

女子栄養大学出版部

Message

お菓子には、人の心をなごませてくれるチカラがあります。

私も家族や料理教室の生徒さん、親しい友人の笑顔が見たくてお菓子作りを始めました。けれど実際に作ってみると、バターやオイル、白砂糖や乳製品をたっぷり使うものがたくさん！ もちろんリッチな味わいのお菓子もおいしいのですが、どっしりとしていて、ときに重たく感じられることも…。もっと毎日食べても体の負担にならない、ナチュラルでヘルシーなお菓子はできないだろうか？ そう思い始めました。

そんなとき、家族が病気でノンオイル・低脂肪の食生活を余儀なくされ、バターやオイルを使わないお菓子作りに挑戦することになりました。

最初に作ったのはシフォンケーキ！ サラダ油なしだとどうしてもパサついてしまうため、水分量を変えたり、豆乳を加えてみたりと試行錯誤。たどり着いたレシピは、しっとりふわふわで、今では「オイルなしのほうがおいしいかも！」と思えるできばえになりました。

バターやオイルのかわりに、活躍してくれる食材はたくさんあります。
風味やコクを出す豆乳や豆腐、自然な甘みのある野菜やくだもの、香ばしいナッツ類…どれも体にやさしい食材ばかり。味わいも軽やかで、食べたあとにもたれることもありません。

この本を通じて、素朴で自然な味わいのお菓子・毎日食べても飽きないお菓子の魅力を、知っていただけたらうれしいです。

田中 可奈子

Contents

2 はじめに
6 ノンオイルのお菓子をおいしくしてくれるもの

INTRODUCTION
バターもオイルも使わない
クッキーのバリエーション

11 プレーンクッキー
12 ジンジャークッキー
13 ナッツドロップクッキー
14 ラムレーズンクッキー
15 ボーロ【プレーン/きな粉】

PART1
バター・オイルなしでも
こんなにおいしい焼き菓子

20 りんごとアーモンドのバットケーキ
22 パイナップルとココナッツのバットケーキ
24 かぼちゃとにんじんのバットケーキ
26 豆乳カスタードのロールケーキ
28 豆腐クリームの抹茶ロールケーキ
30 ヨーグルトマンゴーのココアロールケーキ
32 豆乳のシフォンケーキ
34 チョコバナナシフォンケーキ
36 チャイのシフォンケーキ
38 さっぱりベイクドチーズケーキ
40 さつまいもと黒ごまのしっとりチーズケーキ
42 アボカドのねっとりチーズケーキ
44 豆乳とアーモンドのスコーン
46 キャラメルとくるみのスコーン
46 バナナといちじくのスコーン
48 グレープフルーツのタルト
50 ドライキウイのタルト
52 豆腐チョコクリームのミニタルト
54 豆乳カスタードのポップオーバー
56 ごまのポップオーバー かぼちゃクリーム
57 いちごとあずきのポップオーバー

> この本の決まりごと
> - 1カップ=200ml、大さじ1=15ml、小さじ1=5mlです。
> - 電子レンジは500Wのもの、オーブンは電気オーブンを使用しました。加熱時間は目安です。機種や使用年数などによって差がありますので、お使いのものに合わせて加減してください。
> - 豆乳は成分無調整のもの、卵はMサイズのものを使用しました。

TOPICS1
甘くない
お食事系焼き菓子

58 おつまみクッキー
  【ハーブ&チーズ】
60 ポップオーバーのオードブル2種
  【生ハム&カマンベール／
  サーモン&クリームチーズ】
62 ベーコンとドライトマトのかぼちゃスコーン

TOPICS2
簡単&ヘルシー
クリーム・シロップ・ソース

81 豆腐クリーム
  豆腐チョコクリーム
82 ヨーグルトクリーム
  しょうがシロップ
  フルーツソース
83 豆乳カスタード

PART2
ひんやり、ぷるるん
冷たいお菓子

66 ふるふる 豆乳プリン3種
  豆乳プリン
  豆乳甘酒プリン
  豆乳コーヒープリン
70 どっしり かぼちゃプリン
72 オレンジティラミス
74 豆乳ゼリー2種のソース
76 豆乳のフルーツアイスバー
78 豆腐白玉のフルーツポンチ しょうが風味

PART3
市販の材料で作れる
簡単おやつ

86 アメリカンコーンフレークバー
88 フルーツパングラタン
90 かぼちゃのパリパリナッツパイ
92 食パンで茶巾あんまん
93 餃子の皮でデザートピザ

COLUMN
64 道具の話
84 お菓子の型の話

94 栄養価一覧

must 8 item
ノンオイルのお菓子を
おいしくしてくれるもの

1
豆乳・豆腐
Soymilk & Tofu

2
水きりヨーグルト
Yogurt

主に牛乳や生クリームのかわりとして、成分無調整の豆乳と豆腐を使っています。どちらも乳製品より脂肪分が少なく、良質なたんぱく質を含む栄養食品。女性の健康キープに役立つイソフラボンも含まれています。豆乳の風味はメーカーによって違いますので、いろいろ試してお気に入りを選んでください。

ヨーグルトは、ひと晩しっかり水けをきることでコクが増し、クリームチーズのような食感に。ジャムや好みのフルーツを添えればそれだけで立派なデザートになります。ほどよい酸味で、ヨーグルトクリーム（→P82）にしてもおいしい。水きりして出た水分（乳清）は栄養価が高いので、はちみつで割って、ドリンクにしても。

本書でご紹介するお菓子には、バターやオイルを一切使っていません。
バターたっぷりのどっしりとしたケーキもおいしいですが
毎日食べたくなるのは、もっと軽やかで、ヘルシーなお菓子。
オイルだけでなく、生クリームなど脂肪分を多く含む食材もできるだけ控えて、
豆乳やヨーグルト、フルーツや野菜などで自然なおいしさに仕上げています。
バター・オイルなしのお菓子作りに活躍してくれる材料をご紹介しましょう。

3
バナナ
Banana

焼き菓子は油脂分を加えずに作ると、どうしても生地が乾きやすく、パサついてしまいます。そこで活躍してくれるのがバナナ。フォークでつぶし、生地に混ぜ込んで焼くと、自然な甘みが出て風味も増し、生地がしっとり仕上がります。好みでラム酒を少したらすと、よりリッチな味わいに。

4
さつまいも・かぼちゃ
Sweet Potato & Pumpkin

さつまいもやかぼちゃは、お菓子に自然な甘みをプラスしたいときに。加熱してペースト状にし、プリンや焼き菓子の生地に加えれば、どっしりとした満足感も補えます。食物繊維やビタミンなど、不足しがちな栄養をお菓子でとれるのもうれしいポイント。豆乳やヨーグルトでのばし、クリームにするのもおすすめ。

ノンオイルのお菓子をおいしくしてくれるもの

5
フレッシュフルーツ
Fruit

6
ナッツ・シリアル・ドライフルーツ
Nut & Cereal & Dried Fruit

お菓子にジューシーさや、フレッシュな味わいを加えたいときには、ベリー類、オレンジやグレープフルーツなどの柑橘類、りんごやキウイ、マンゴーなど季節のフルーツをよく使います。フルーツの鮮やかな色で、見た目も華やかに。ミックスフルーツ缶などの缶詰も手軽に使えて便利です。

アーモンドやくるみ、かぼちゃの種などのナッツ類やシリアルは、ポリッ、カリッとした食感がアクセントに。香ばしい風味やコクも加わり、味わいに奥行きが生まれます。いちじくやレーズンなどのドライフルーツは、甘みや酸味を補うために大活躍してくれます。

7
粉類
Flour

薄力粉はお菓子作りに必須の材料。クッキーを焼くときは、より軽く、さっくりとした食感に仕上がるように、薄力粉にコーンスターチや片栗粉を加えています。アーモンドプードルやココナッツパウダーは、焼くと風味がアップし、香ばしいコクが生まれます。生地をしっとりさせる効果も。

8
砂糖類
Sugar

本書では、主に三温糖ときび砂糖を使用しています。しっかりとした甘みをつけたいときは三温糖を、素材のやさしい味を引き出したいときは自然な甘みのきび砂糖を、と使い分けていますが、お好みでかまいません。甘みを加えるものとして、はちみつやメープルシロップなども常用しています。

バターもオイルも使わない
クッキーのバリエーション

オーブンからふんわりと漂う甘い香りに、香ばしい焼き色。
最初に作ったお菓子はクッキーだった、という方も多いでしょう。
そんな気軽に作れるクッキーを、バター・オイルなしで焼いてみたら
かむほどに粉の味を感じられる、素朴なおやつになりました。
カリカリ、ざくざく、ほろほろ…いろんな食感も、楽しい。

カリカリ

Basic Cookie
プレーンクッキー

素朴なシンプルクッキーは、
粉の風味がしっかり感じられ、しみじみと深い味わい。
焼いたあと、余熱で粉の芯までしっかりと火を通すのが
カリッと香ばしく仕上げるポイントです。
→作り方はP16

INTRODUCTION | バターもオイルも使わない クッキーのバリエーション

ポリポリ

Ginger Cookie
ジンジャークッキー

ジンジャーとシナモンの香りをまとわせて焼き上げます。
かむほどにスパイスと粉の風味が広がって、
つい手がのびるおいしさ。
パズルのように、いろいろな形に切り分けると楽しい。
→作り方はP17

INTRODUCTION | バターもオイルも使わない クッキーのバリエーション

ざくざく
Nut Drop Cookie
ナッツドロップクッキー

グラノーラやくるみを加えて、
ざくざく食感に仕上げたヘルシーなクッキー。
生地はのばさず、スプーンですくって落として焼くだけ。
手軽さも魅力です。
→作り方はP17

さくさく
Rum Raisin Cookie
ラムレーズンクッキー

やさしい甘さのクッキーに
ほんのりラム酒が香る甘酸っぱいレーズンでアクセント。
焼きたてはさくさく、少し時間をおいて
しっとりしたころもまた、おいしい。
→作り方はP18

Small Round Cookie

ほろほろ

ロー[プレーン/きなこ]

飾りっ気のないやさしい味わいのボーロ。
口の中に入れると、ほろっとくずれます。
きな粉をまぶしたり、粉砂糖やココナッツでアレンジしても。

→作り方はP18

INTRODUCTION
ほっとひと息つきたい午後のおやつに

\カリカリ/

Basic Cookie

プレーン
クッキー
→P11

1枚分
22_kcal_

材料（2×4cmのもの56枚分）

A ┌ 薄力粉 … 100g
  │ コーンスターチ … 60g
  │ アーモンドプードル … 60g
  └ きび砂糖 … 40g

卵黄 … 2個分
豆乳 … 大さじ2

下準備
- ●オーブンは180℃に予熱する。
- ●天板にオーブンシートを敷く。

作り方

1 深さのある大きめのボウルに**A**を入れ、泡立て器で粉に空気を含ませるようにしながら混ぜる**ⓐ**。

2 別のボウルに卵黄と豆乳を混ぜ合わせ、**1**に加える。カードで切るように混ぜ、ときどき押さえながら粉と水分をなじませる**ⓑ**。
＊少し粉けが残る程度にまとまればOK。

3 オーブンシートを広げ、**2**を取り出してはさみ、めん棒で5mm厚さ（16×28cm）にのばす**ⓒ**。
＊オーブンシートにはさんでのばすと、生地がくっつきにくい。

4 カードで2×4cmの長方形に切り分け**ⓓ**、薄力粉少々（分量外）をつけたフォークで3か所ずつ穴をあける**ⓔ**。

5 天板に並べ、180℃のオーブンできつね色になるまで20分焼く。天板のまま冷まし、余熱で中までしっかり火を通す。

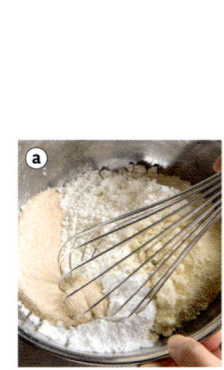

ⓐ 粉類はふるわなくてもOK。泡立て器でさらさらになるまで混ぜる。

ⓑ 練らないようにさくさくと混ぜながら全体をなじませる。

ⓒ オーブンシートで生地を包むようにしてのばすと、きれいな四角形になる。

ⓓ 短辺は2cm間隔、長辺は4cm間隔の印をつけてからカードで切るとよい。

ⓔ なるべく等間隔で穴をあけるときれいな仕上がりに。

Non-butter Non-oil sweets

ポリポリ

Ginger Cookie
ジンジャークッキー
→P12

1枚分
23kcal

材料（約56枚分）

A
- 薄力粉 … 100g
- コーンスターチ … 60g
- アーモンドプードル … 60g
- きび砂糖 … 50g
- ジンジャーパウダー … 小さじ2〜3
- シナモンパウダー … 小さじ1/2

卵黄 … 2個分
豆乳 … 大さじ2

下準備
● オーブンは180℃に予熱する。
● 天板にオーブンシートを敷く。

作り方

1 深さのある大きめのボウルにAを入れ、泡立て器で粉に空気を含ませるようにしながら混ぜる。

2 別のボウルに卵黄と豆乳を混ぜ合わせ、1に加える。カードで切るように混ぜ、ときどき押さえながら粉と水分をなじませる。
＊少し粉が残る程度にまとまればOK。

3 オーブンシートを広げ、2を取り出してはさみ、めん棒で5mm厚さにのばす。

4 カードで三角形や四角形など好みの形に切り分ける。

5 天板に並べ、180℃のオーブンできつね色になるまで20分焼く。天板のまま冷まし、余熱で中までしっかり火を通す。

ざくざく

Nut Drop Cookie
ナッツドロップクッキー
→P13

1個分
55kcal

材料（直径3〜4cmのもの約24個分）

薄力粉 … 100g
グラノーラ（市販）… 100g
プレーンヨーグルト … 大さじ4
ベーキングパウダー … 小さじ1
アーモンドダイス … 大さじ4
くるみ … 10〜12個
きび砂糖 … 大さじ1と1/2

下準備
● オーブンは180℃に予熱する。
● 天板にオーブンシートを敷く。
● くるみはフライパンでからいりし、粗く砕く。

作り方

1 ボウルにグラノーラとヨーグルトを入れて混ぜ合わせ、残りの材料を順に加えて練らないようにしながら手でざくざくと混ぜる。

2 1の生地をスプーンでひと口大ずつくって天板に落とす。それぞれ真ん中を指でならし、平らにする。

3 180℃のオーブンできつね色になるまで25分焼く。天板のまま冷まし、余熱で中までしっかり火を通す。

INTRODUCTION

バターもオイルも使わない クッキーのバリエーション

17

\さくさく/

Rum Raisin Cookie

ラムレーズンクッキー

→P14

1枚分
54kcal

材料（4×4cmのもの16枚分）

A
- 薄力粉 … 80g
- ベーキングパウダー … 小さじ1

B
- 卵黄 … 1個分
- プレーンヨーグルト … 大さじ1
- きび砂糖 … 30g
- ココナッツパウダー … 18g

ラムレーズン（市販）… 80g
卵白（照り用）… 1個分

下準備
- ●Aは合わせてふるう。
- ●ラムレーズンは汁けをきる。
- ●オーブンは170℃に予熱する。
- ●天板にオーブンシートを敷く。

作り方

1 ボウルに**B**を入れ、泡立て器でよく混ぜる。

2 **1**にふるった**A**を加え、カードでさくさくと混ぜる。

＊生地がべたつくようなら薄力粉適量を加えて調節する。全体がまとまればOK。

3 オーブンシートを広げ、**2**を取り出してはさみ、めん棒で5mm厚さ（16×16cm）にのばす。

4 生地の半分にラムレーズンを広げ、もう半分の生地を折りたたんで再びオーブンシートにはさみ、めん棒で5mm厚さ（16×16cm）にのばす。

5 カードに薄力粉少々（分量外）をつけながら4cm四方の正方形に切り分ける。

6 生地の上面にはけで卵白を塗り、170℃のオーブンで35分焼く。天板のまま冷まし、余熱で中までしっかり火を通す。

\ほろほろ/

Small Round Cookie

ボーロ
【プレーン／きな粉】

→P15

1個分
9kcal

材料（直径1cmの丸形約100個分）

薄力粉 … 70g
片栗粉 … 70g

A
- 卵黄 … 2個分
- 三温糖 … 60g
- 豆乳 … 小さじ2

きな粉 … 適量

下準備
- ●オーブンは170℃に予熱する。
- ●天板にオーブンシートを敷く。

作り方

1 ボウルに**A**を入れ、泡立て器で混ぜる。

2 薄力粉と片栗粉を加え、カードで切るように混ぜる。ボウルについた生地もこそげるようにしながら、粉けがなくなるまで混ぜる。

＊生地がべたつくようなら薄力粉適量を加えて調節する。

3 直径1cmくらいに丸めて天板に並べ、170℃のオーブンで15分焼く。天板のまま冷まし、余熱で中までしっかり火を通す。

4 半量にきな粉をまぶす。

Non-butter Non-oil sweets

Non-butter Non-oil

PART1
—
Baked Cakes

バター・オイルなしでも
こんなにおいしい焼き菓子

ロールケーキにシフォンケーキ、タルトにスコーン。
本来はバターやオイルをたっぷり使う焼き菓子を
思いきってバター・オイルなしで焼いてみたら…。
どっしり感はないかわりに、軽やかさが生まれて
素朴で自然な味わいの、飽きのこないおいしさになりました。

1人分
143kcal

20   *Non-butter Non-oil sweets*

Apple & Almond Cake

りんごとアーモンドのバットケーキ

りんごの素朴な甘みと酸味に、アーモンドプードルの香ばしさが加わって…
焼きたてはもちろん、冷蔵庫で1〜2日おいて、全体がしっとりなじんだころもおいしい。

材料（約24×20×深さ3.5cmのバット1台分）

A［ 薄力粉 … 90g
　 ベーキングパウダー … 小さじ1/2

アーモンドプードル … 20g

卵 … 1個

三温糖 … 60g

豆乳 … 50㎖

B［ りんご … 1個
　 三温糖 … 大さじ2
　 レモン汁 … 小さじ1

C［ りんご … 1個
　 レモン汁 … 小さじ1

シナモンパウダー … 小さじ1/2

アーモンドスライス … 20g

下準備

●アーモンドプードルは泡立て器でほぐし、さらさらにする。
●オーブンは170℃に予熱する。
●バットにオーブンシートを敷き、四隅に切り込みを入れて立ち上げる。

作り方

1 深さのある大きめのボウルにAを入れ、泡立て器で粉に空気を含ませるようにしながら混ぜる ⓐ。

2 別のボウルに卵を割りほぐし、三温糖を2〜3回に分けて加え、そのつど泡立て器でよく混ぜる。豆乳を加えてさっと混ぜる。

3 2にアーモンドプードルを加えて泡立て器で混ぜ ⓑ、1のボウルに加えてさっくりと混ぜる ⓒ。

4 Bのりんごは皮をむいて芯をとり、ひと口大に切って耐熱ボウルに入れる。残りの材料を加えて混ぜ、ラップをかけずに電子レンジで4分加熱し、ざるにあげて水けをきる ⓓ。

5 Cのりんごは芯をとり、皮つきのまま薄切りにしてレモン汁をかけ、色止めする。

6 4のあら熱がとれたら、シナモンパウダーとともに3に加えてさっと混ぜる ⓔ。

7 バットに流し入れ、上に5を並べてアーモンドスライスを散らす。

＊流し入れる前に、側面のオーブンシートとバットの間に6の生地少々をつけ、シートを固定すると焼いている間にはがれてくるのを防げる。

8 170℃のオーブンで40分焼き、バットのままクーラーにのせて冷ます。

粉のかたまりがなくなり、さらさらになるまで混ぜる。

アーモンドプードルは粉類と別に加え、ムラなく混ぜる。

泡立て器で生地を底から持ち上げ、練らないように。

生地に加える煮りんごは、しっかりと水けをきる。

煮りんごは生地にまんべんなく混ぜ合わせる。

Pineapple & Coconut Cake

パイナップルとココナッツの
バットケーキ

ジューシーなパイナップルをたっぷり加えて、ふわっと軽い食感に焼き上げます。
ココナッツを散らせば、さらにトロピカルな味わいに。パイナップルをマンゴーにかえても。

材料（約24×20×深さ3.5cmのバット1台分）

A ┌ 薄力粉 … 90g
　└ ベーキングパウダー … 小さじ1/2
アーモンドプードル … 20g
卵 … 1個
三温糖 … 60g
豆乳 … 50mℓ
パイナップル（缶詰）… 100g（2〜3枚）＋5枚
ココナッツロング … 40g

下準備

●アーモンドプードルは泡立て器でほぐし、さらさらにする。
●オーブンは170℃に予熱する。
●バットにオーブンシートを敷き、四隅に切り込みを入れて立ち上げる。

1人分
161kcal

作り方

1 深さのある大きめのボウルに**A**を入れ、泡立て器で粉に空気を含ませるようにしながら混ぜる。

2 別のボウルに卵を割りほぐし、三温糖を2〜3回に分けて加え、そのつど泡立て器でよく混ぜる。豆乳を加えてさっと混ぜる。

3 **2**にアーモンドプードルを加えて泡立て器で混ぜ、**1**のボウルに加えてさっくりと混ぜる。

4 パイナップル100gはひと口大に切り、ざるにあげて水けをきる。ココナッツロングの半量とともに**3**に加え、さっと混ぜる。

5 残りのパイナップルは半分に切る。

6 **4**をバットに流し入れ、上に**5**を並べて残りのココナッツロングを散らす。

＊流し入れる前に、側面のオーブンシートとバットの間に**4**の生地少々をつけ、シートを固定すると焼いている間にはがれてくるのを防げる。

7 170℃のオーブンで40分焼き、バットのままクーラーにのせて冷ます。

Non-butter Non-oil sweets

PART 1 | 生地を流して焼くだけのケーキ・バー

24   Non-butter Non-oil sweets

Pumpkin & Carrot Cake

かぼちゃとにんじんの バットケーキ

β-カロテンたっぷりのにんじんは、しっかりとりたい野菜のひとつ。
かぼちゃの甘みにくるみの食感がアクセントになって、野菜嫌いな人でもこれなら食べてもらえそう。

材料（約24×20×深さ3.5cmのバット1台分）

かぼちゃ … 150g

にんじん … 60g

くるみ … 8個

A ┌ 全粒粉 … 70g
　├ 薄力粉 … 50g
　└ ベーキングパウダー … 小さじ1

ココナッツミルク … 100㎖

きび砂糖 … 70g

シナモンパウダー・ジンジャーパウダー
　（ともに好みで）… 各小さじ1/2

ラム酒（好みで）… 少々

下準備

●オーブンは170℃に予熱する。
●バットにオーブンシートを敷き、四隅に切り込みを入れて立ち上げる。

1人分
167kcal

作り方

1 かぼちゃはよく洗って種をとり、ところどころ皮をむいて1.5cm角に切る。耐熱容器に並べ、ラップをして電子レンジで2分加熱する。にんじんはみじん切りに、くるみは粗みじん切りにする。かぼちゃとくるみはトッピング用に少量ずつ取り分けておく。

2 深さのある大きめのボウルにAを入れ、泡立て器で粉に空気を含ませるようにしながら混ぜる。

3 別のボウルにココナッツミルクときび砂糖を入れ、あればシナモンパウダー、ジンジャーパウダー、ラム酒を加えて混ぜ合わせる。

4 2に3を加え、カードでさっくりと混ぜる。にんじんを加えて混ぜ、かぼちゃも加え、少し形が残るようにつぶしながら混ぜる。最後にくるみを加えてさっと混ぜる。

5 バットに流し入れ、上にトッピング用のかぼちゃとくるみを散らす。

＊流し入れる前に、側面のオーブンシートとバットの間に**4**の生地少々をつけ、シートを固定すると焼いている間にはがれてくるのを防げる。

6 170℃のオーブンで40分焼き、バットのままクーラーにのせて冷ます。

PART 1 ── バター・オイルなしでも こんなにおいしい焼き菓子

26   *Non-butter Non-oil sweets*

Soymilk Custard Roll

豆乳カスタードのロールケーキ

豆乳で作るふんわり軽い生地＋豆乳のカスタードクリーム。飽きのこない自然なおいしさです。

材料（25×25cmの天板1台分）

A ┌ 薄力粉 … 40g
　└ 片栗粉 … 5g

卵 … 3個

三温糖 … 50g

豆乳 … 20ml

豆乳カスタード（→P83）
　　… 約250ml

好みのフルーツ
　（いちご、ブルーベリーなど）… 70g

下準備

● Aは合わせてふるう。
● オーブンは180℃に予熱する。
● 天板にオーブンシートを敷き、四隅に切り込みを入れて立ち上げる。
● フルーツは食べやすい大きさに切る。

1人分
167kcal

作り方

1 ボウルに卵を割りほぐし、ハンドミキサーで泡立てる。ふんわりとしてきたら三温糖を2〜3回に分けて加え、そのつど混ぜ、高速で約4分泡立てる@。

2 生地がきめ細かく白っぽくなり、持ち上げてぽってり落ちるようになったらⓑ、低速にしてきめを整える。

3 ふるったAの半量を全体にまんべんなく加え、ゴムべらで底からすくうように混ぜる。粉けがなくなったら残りのAを加え、つやが出るまで混ぜる。豆乳を加え、さっと混ぜる。

4 天板に流し入れて表面をカードで平らにならし、天板の底をトントンと2〜3回たたいて大きな気泡を抜く。

＊流し入れる前に、側面のオーブンシートと天板の間に**3**の生地少々をつけ、シートを固定すると焼いている間にはがれてくるのを防げる。

5 180℃のオーブンで25分焼き、天板のまま冷ます。
＊竹串を刺してみて生地がつかなければOK。

6 あら熱がとれたら生地の上面にオーブンシートをかぶせてひっくり返し、底面のオーブンシートをはがす。再びオーブンシートをのせてひっくり返す。

7 生地の奥側の端（巻き終わり）を斜めに少し切り落とす。巻きやすいよう表面にナイフで浅く筋目を入れⓒ、豆乳カスタードを薄く塗る。残りの豆乳カスタードを絞り出し袋に入れ、横に細長く3本絞って間にフルーツを並べ、手前から巻く（ⓓ〜ⓔ）。

8 オーブンシートで包み、両端を絞って冷蔵庫で30分以上休ませる。

ハンドミキサーの羽根を寝かせて、手早く泡立てる。

生地を少量持ち上げ、ぽってり落ちるくらいが目安。

手前は1.5cm間隔で、徐々に間隔をあけて筋目を入れる。

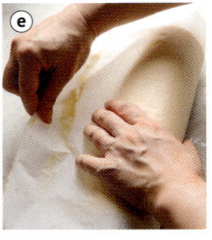
オーブンシートごと生地を持ち上げ、手前から巻く。

ひと巻きしたらぎゅっと押さえる。

PART 1　バター・オイルなしでもこんなにおいしい焼き菓子

Tofu Cream & Green Tea Roll

豆腐クリームの抹茶ロールケーキ

抹茶入りの色鮮やかな生地に、豆腐クリームと甘納豆を合わせた和風ロール。
豆腐と豆の自然な甘みが楽しめます。甘いものが苦手な人にもおすすめ。

材料（約25×25cmの天板1台分）

A ┌ 薄力粉 … 35g
　├ 片栗粉 … 5g
　└ 抹茶パウダー … 大さじ1
卵 … 3個
きび砂糖 … 40g
豆乳 … 大さじ2
豆腐クリーム（→P81） … 約250mℓ
甘納豆（市販） … 50g

下準備

● Aは合わせてふるう。
● オーブンは180℃に予熱する。
● 天板にオーブンシートを敷き、四隅に切り込みを入れて立ち上げる。

1人分
202kcal

作り方

1 ボウルに卵を割りほぐし、ハンドミキサーで泡立てる。ふんわりとしてきたらきび砂糖を2〜3回に分けて加え、そのつど混ぜ、高速で約4分泡立てる。

2 生地がきめ細かく白っぽくなり、持ち上げてぽってり落ちるようになったら、低速にしてきめを整える。

3 ふるったAの半量を全体にまんべんなく加え、ゴムべらで底からすくうように混ぜる。粉けがなくなったら残りのAを加え、つやが出るまで混ぜる。豆乳を加え、さっと混ぜ合わせる。

4 天板に流し入れて表面をカードで平らにならし、天板の底をトントンと2〜3回たたいて大きな気泡を抜く。
＊流し入れる前に、側面のオーブンシートと天板の間に3の生地少々をつけ、シートを固定すると焼いている間にはがれてくるのを防げる。

5 180℃のオーブンで25分焼き、天板のまま冷ます。
＊竹串を刺してみて生地がつかなければOK。

6 あら熱がとれたら生地の上面にオーブンシートをかぶせてひっくり返し、底面のオーブンシートをはがす。再びオーブンシートをのせてひっくり返す。

7 生地の奥側の端（巻き終わり）を斜めに少し切り落とす。巻きやすいよう表面にナイフで筋目を入れ、豆腐クリームを薄く塗る。残りのクリームを絞り出し袋に入れ、横に細長く3本絞って間に甘納豆を並べ、手前から巻く。

8 オーブンシートで包み、両端を絞って冷蔵庫で30分以上休ませる。

Non-butter Non-oil sweets

PART 1 　バター・オイルなしでもこんなにおいしい焼き菓子

30   *Non-butter Non-oil sweets*

Yogurt Cream & Mango Cocoa Roll

ヨーグルトマンゴーの
ココアロールケーキ

ほどよい酸味のヨーグルトクリームと、ちょっぴりほろ苦いココア生地、
ねっとり甘いマンゴーが好相性。色合いもきれいなロールケーキです。

PART 1 ― バター・オイルなしでも こんなにおいしい焼き菓子

材料（約25×25cmの天板1台分）

A ┌ 薄力粉 … 35g
　├ 片栗粉 … 5g
　└ ココアパウダー … 7g

卵 … 3個
三温糖 … 40g
豆乳 … 大さじ2
ヨーグルトクリーム（→P82）… 約250ml
マンゴー（冷凍または缶詰）… 70g

下準備

●Aは合わせてふるう。
●オーブンは180℃に予熱する。
●天板にオーブンシートを敷き、四隅に切り込みを入れて立ち上げる。
●マンゴーは（冷凍のものは解凍してから）食べやすい大きさに切る。

1人分
178kcal

作り方

1 ボウルに卵を割りほぐし、ハンドミキサーで泡立てる。ふんわりとしてきたら三温糖を2〜3回に分けて加え、そのつど混ぜ、高速で約4分泡立てる。

2 生地がきめ細かく白っぽくなり、持ち上げてぽってり落ちるようになったら、低速にしてきめを整える。

3 ふるったAの半量を全体にまんべんなく加え、ゴムべらで底からすくうように混ぜる。粉けがなくなったら残りのAを加え、つやが出るまで混ぜる。豆乳を加え、さっと混ぜ合わせる。

4 天板に流し入れて表面をカードで平らにならし、天板の底をトントンと2〜3回たたいて大きな気泡を抜く。
＊流し入れる前に、側面のオーブンシートと天板の間に3の生地少々をつけ、シートを固定すると焼いている間にはがれてくるのを防げる。

5 180℃のオーブンで25分焼き、天板のまま冷ます。
＊竹串を刺してみて生地がつかなければOK。

6 あら熱がとれたら生地の上面にオーブンシートをのせてひっくり返し、底面のオーブンシートをはがす。再びオーブンシートをのせてひっくり返す。

7 生地の奥側の端（巻き終わり）を斜めに少し切り落とす。巻きやすいよう表面にナイフで筋目を入れ、ヨーグルトクリームを薄く塗る。残りのクリームを絞り出し袋に入れ、横に細長く3本絞って間にマンゴーを並べ、手前から巻く。

8 オーブンシートで包み、両端を絞って冷蔵庫で30分以上休ませる。

32   *Non-butter Non-oil sweets*

Soymilk Chiffon Cake

豆乳のシフォンケーキ

オイルなしでもふわっふわ！ メレンゲのおかげで弾力のある生地に仕上がります。
好みでクリームを添えてもいいし、そのまま食べても充分おいしい。

材料（直径18cmのシフォン型1台分）

薄力粉 … 70g

卵白 … 4個分

きび砂糖 … 40g＋30g

卵黄 … 3個分

豆乳 … 70mℓ

下準備

● 薄力粉はふるう。

● オーブンは160℃に予熱する。

1人分
139kcal

作り方

1 深さのある大きめのボウルに卵白を入れ、ハンドミキサーで泡立てる。白っぽくふんわりしてきたらきび砂糖40gを2〜3回に分けて加え、そのつど泡立ててしっかりとしたメレンゲを作る**ⓐ**。

2 別のボウルに卵黄ときび砂糖30gを入れ、ハンドミキサーで白っぽくなるまで泡立てる**ⓑ**。豆乳を加えてさっと混ぜる。

3 **2**にふるった薄力粉を2〜3回に分けて加え、そのつどなめらかになるまで泡立て器で混ぜる。

4 **3**に**1**のメレンゲの半量を加え、泡立て器でトントンとつぶすようにしてなじませ、白い部分がなくなるまで混ぜる**ⓒ**。

5 **1**のボウルに**4**を加え、白い部分がなくなるまでさっくりと混ぜる**ⓓ**。

6 型に流し入れ、160℃のオーブンで30分焼く。焼き上がったらすぐに型ごと逆さにし、空きびんなどに差して冷ます**ⓔ**。完全に冷めたら型からはずす（→P34参照）。

PART 1 ── バター・オイルなしでも こんなにおいしい焼き菓子

メレンゲは、竹串を刺してみて、倒れないくらいのかたさが目安。

卵黄は、マヨネーズより少しやわらかいくらいまで泡立てる。

泡立て器を立てて持ち、白いかたまりをつぶすようにしながら混ぜる。

メレンゲの泡がつぶれないように、さっくりと混ぜる。

型のまま逆さにし、背の高いびんに差して冷ます。

Chocolate & Banana Chiffon Cake

チョコバナナシフォンケーキ

基本の生地につぶしたバナナを加えれば、よりしっとり感のある生地に。
バナナと相性のいいチョコが、甘みと食感、見た目のアクセントになってくれます。

材料（直径18cmのシフォン型1台分）

薄力粉 … 70g

バナナ … 1/2本

ラム酒 … 小さじ2

卵白 … 4個分

きび砂糖 … 40g＋30g

卵黄 … 3個分

豆乳 … 大さじ1

チョコチップ … 大さじ1

下準備

● 薄力粉はふるう。

● オーブンは160℃に予熱する。

● バナナはフォークでつぶし、ラム酒をからめる。

1人分
157kcal

作り方

1 深さのある大きめのボウルに卵白を入れ、ハンドミキサーで泡立てる。白っぽくふんわりしてきたらきび砂糖40gを2〜3回に分けて加え、そのつど泡立ててしっかりとしたメレンゲを作る。

＊竹串を刺しても倒れないくらいのかたさが目安。

2 別のボウルに卵黄ときび砂糖30gを入れ、ハンドミキサーで白っぽくなるまで泡立てる。豆乳とつぶしたバナナを加えてさっと混ぜる。

3 **2**にふるった薄力粉を2〜3回に分けて加え、そのつどなめらかになるまで泡立て器で混ぜる。

4 **3**に**1**のメレンゲの半量を加え、泡立て器でトントンとつぶすようにしてなじませ、白い部分がなくなるまで混ぜる。

5 **1**のボウルに**4**を加え、白い部分がなくなるまでさっくりと混ぜ、チョコチップを加えてひと混ぜする。

6 型に流し入れ、160℃のオーブンで30分焼く。焼き上がったらすぐに型ごと逆さにし、空きびんなどに差して冷ます。完全に冷めたら型からはずす（→下記参照）。

＊好みでバナナのスライスや豆乳カスタード（→P83）を添えて。

型からのはずし方　＊使用するナイフは先のとがっていない、刃の薄いものがおすすめです。

型の側面と生地の間にナイフを立てて差し込み、生地を型からはがすように押さえながらまわし、ぐるりと一周する。

内側の円筒部分にも同様にナイフを差し込んで生地をはがし、底を押し上げて外側の型をはずす。

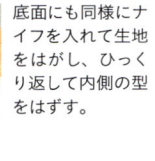
底面にも同様にナイフを入れて生地をはがし、ひっくり返して内側の型をはずす。

36   *Non-butter Non-oil sweets*

Chai Chiffon Cake

チャイのシフォンケーキ

ひと口ほおばると、スパイシーなチャイの香りがふわりと広がる大人のシフォン。
スパイスはお好みで。チャイは濃いめに淹れるのがポイントです。

材料（直径18cmのシフォン型1台分）

薄力粉 … 70g

卵白 … 4個分

きび砂糖 … 40g＋30g

卵黄 … 3個分

豆乳 … 大さじ2

紅茶（ティーバッグ）… 2個

熱湯 … 1/4カップ

A
- シナモンパウダー … 小さじ1/5
- ジンジャーパウダー … 小さじ1/2
- クローブパウダー・カルダモンパウダー（ともに好みで）… 各少々

下準備

● 薄力粉はふるう。

● オーブンは160℃に予熱する。

1人分
137kcal

作り方

1 深さのある大きめのボウルに卵白を入れ、ハンドミキサーで泡立てる。白っぽくふんわりしてきたらきび砂糖40gを2〜3回に分けて加え、そのつど泡立ててしっかりとしたメレンゲを作る。

＊竹串を刺しても倒れないくらいのかたさが目安。

2 耐熱容器にティーバッグを入れて熱湯を注ぎ、濃いめの紅茶液を作る。豆乳を加えて70㎖にし、**A**を加えて混ぜる。

3 別のボウルに卵黄ときび砂糖30gを入れ、ハンドミキサーで白っぽくなるまで泡立てる。**2**を加えてさっと混ぜる。

4 **3**にふるった薄力粉を2〜3回に分けて加え、そのつどなめらかになるまで泡立て器で混ぜる。

5 **4**に**1**のメレンゲの半量を加え、泡立て器でトントンとつぶすようにしてなじませ、白い部分がなくなるまで混ぜる。

6 **1**のボウルに**5**を加え、白い部分がなくなるまでさっくりと混ぜる。

7 型に流し入れ、160℃のオーブンで30分焼く。焼き上がったらすぐに型ごと逆さにし、空きびんなどに差して冷ます。完全に冷めたら型からはずす（→P34参照）。

1人分
129kcal

38   *Non-butter Non-oil sweets*

Baked Cheesecake

さっぱりベイクドチーズケーキ

クリームチーズのかわりに、さっぱり、低カロリーのカッテージチーズで作ります。
できたてはふんわりスフレのような食感ですが、冷蔵庫で1〜2日しっかり冷やすとなめらかに。

材料（直径15cmの底取れ丸型1台分）

卵白 … 2個分

三温糖 … 30g ＋ 30g

卵黄 … 2個分

カッテージチーズ（裏ごしタイプ） … 100g

A
- プレーンヨーグルト … 100g
- コンデンスミルク … 20g
- レモン汁 … 大さじ1強
- キルシュ … 小さじ2
- レモンの皮（すりおろし） … 少々

B
- 薄力粉 … 20g
- コーンスターチ … 10g

好みのフルーツ（ブルーベリー、
　　ラズベリーなど） … 各適量

下準備

- オーブンは170℃に予熱する。
- 型の底と側面にオーブンシートを敷く。

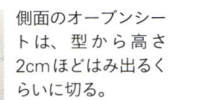
側面のオーブンシートは、型から高さ2cmほどはみ出るくらいに切る。

作り方

1 深さのある大きめのボウルに卵白と三温糖30gを入れ、ハンドミキサーでツノが立つまで泡立てる ⓐ。

2 別のボウルに卵黄を割りほぐし、三温糖30gを加えて白っぽくなるまでハンドミキサーで混ぜる。カッテージチーズを加えて混ぜ ⓑ、Aを順に加えてさらに混ぜる。

3 Bを2にまんべんなくふり入れ、泡立て器で混ぜる ⓒ。

4 3に1のメレンゲの半量を加えて全体になじませ、残りも加えて白い部分がなくなるまでさっくりと混ぜる ⓓ。

5 型に流し入れ、ひとまわり大きな耐熱容器に型ごと入れて天板にのせる。

＊流し入れる前に、オーブンシートと型の間に4の生地少々をつけ、シートを固定すると焼いている間にはがれてくるのを防げる。

6 天板に熱湯を注ぎ ⓔ、170℃のオーブンで30分、湯せん焼きにする。

＊竹串を刺してみて生地がつかなければOK。

7 型のまま冷まし、あら熱がとれたら冷蔵庫でひと晩冷やす。型からはずして器に盛り、フルーツを飾る。

羽根で持ち上げたとき、ピンとツノが立つくらいが目安。

カッテージチーズが全体になじむまでよく混ぜる。

粉けがなくなるまでさっくりと混ぜる。

メレンゲの泡がつぶれないようさっくりと混ぜる。

湯が中に入らないよう、ひとまわり大きな型やバットなどに入れて湯せん焼きに。

39

Sweet Potato & Sesame Cheesecake

さつまいもと黒ごまの
しっとりチーズケーキ

さつまいものペーストを加えることで、野菜の自然な甘みとどっしり感が加わります。
生地を混ぜて焼くだけなので、お菓子作りが初めての方でもカンタン。

材料（直径15cmの底取れ丸型1台分）

さつまいも … 正味200g
カッテージチーズ（裏ごしタイプ）… 200g
きび砂糖 … 50g
A [
プレーンヨーグルト … 150g
卵 … 1個
薄力粉 … 大さじ2
シナモンパウダー … 2ふり
]
黒いりごま … 適量

下準備

● オーブンは170℃に予熱する。
● 型の底と側面にオーブンシートを敷く
（→P39参照）。

1人分
153kcal

作り方

1 さつまいもはよく洗って皮つきのまま3等分にし、やわらかくなるまでじっくりと蒸す。トッピング用に適量を取り分け、1cm角に切る。残りは皮をむいて1cm厚さに切り、ボウルに入れてフォークでつぶし、冷ます。

2 **1**のボウルにカッテージチーズときび砂糖を加え、なめらかになるまで泡立て器で混ぜる。

3 **A**を順に加え、なめらかになるまでさらに混ぜる。

4 型に流し入れ、170℃のオーブンで30分焼く。途中、10分たったら一度取り出し、トッピング用のさつまいもをのせ、黒ごまを散らして再び焼く。

＊流し入れる前に、オーブンシートと型の間に**3**の生地少々をつけ、シートを固定すると焼いている間にはがれてくるのを防げる。焼き上がりは竹串を刺してみて、生地がついてこなければOK。

5 型のまま冷まし、あら熱がとれたら冷蔵庫でひと晩冷やす。

PART 1　バター・オイルなしでもこんなにおいしい焼き菓子

42   *Non-butter Non-oil sweets*

Avocado Cheesecake

アボカドのねっとり
チーズケーキ

アボカドのねっとりとした、濃厚なおいしさをケーキに閉じ込めました。
アボカドは、ほどよく熟したものを選んで。ほんのり緑がかった生地もきれい。

PART 1 ─ バター・オイルなしでも こんなにおいしい焼き菓子

材料（直径15cmの底取れ丸型1台分）

アボカド … 1個

カッテージチーズ（裏ごしタイプ）… 100g

プレーンヨーグルト … 100g

三温糖 … 50g

卵 … 1個

コーンスターチ … 大さじ2

レモン汁 … 大さじ1

ミント（好みで）… 適量

下準備

● オーブンは170℃に予熱する。

● 型の底と側面にオーブンシートを敷く
（→P39参照）。

1人分
75kcal

作り方

1 アボカドは種と皮を除き、ひと口大に切ってボウルに入れ、レモン汁をからめる。

2 1にカッテージチーズを加えて泡立て器で練り、ヨーグルトを加えてなめらかになるまで混ぜ、ミント以外の残りの材料を順に加えてさらに混ぜる。

3 型に流し入れ、170℃のオーブンで30分焼く。

＊流し入れる前に、オーブンシートと型の間に2の生地少々をつけ、シートを固定すると焼いている間にはがれてくるのを防げる。焼き上がりは竹串を刺してみて、生地がついてこなければOK。

4 型のまま冷まし、あら熱がとれたら冷蔵庫でひと晩冷やす。型からはずして切り分け、あればミントを飾る。

Soymilk & Almond Scone

豆乳とアーモンドのスコーン

バターや牛乳なしのスコーンは、粉のおいしさが際立つ素朴な味わいです。
冷めたらオーブントースターで軽く温め直すと、おいしくいただけます。

材料（直径5.5cmのセルクル8個分）

A
- 薄力粉 … 200g
- ベーキングパウダー … 小さじ2
- アーモンドプードル … 60g
- きび砂糖 … 40g
- 塩 … 小さじ1/3

豆乳 … 40㎖

アーモンドダイス … 30g＋適量

下準備

- オーブンは180℃に予熱する。
- 天板にオーブンシートを敷く。

1個分
186kcal

作り方

1 深さのある大きめのボウルに**A**を入れ、泡立て器で粉に空気を含ませるようにしながら混ぜる**ⓐ**。

2 豆乳を加えてカードで切るように混ぜ、粉と水分がなじんだら**ⓑ**、アーモンドダイス30gを加えて混ぜる。

3 台に取り出してめん棒でのばし、カードで半分に切って重ね**ⓒ**、上から両手で押さえてなじませる**ⓓ**。これを数回くり返し、生地をまとめる。

4 オーブンシートを広げて**3**をはさみ、四角く整えながらめん棒で1cm厚さにのばす**ⓔ**。セルクルで丸く抜いて天板に並べ、アーモンドダイス適量を散らす。

5 180℃のオーブンで20分、焼き色がつくまで焼く。

＊好みでヨーグルトクリーム（→P82）を添えて。

粉はふるわず、泡立て器で混ぜてさらさらにすればOK。

少し粉けが残るくらいまでなじませる。

切っては重ねる…をくり返し、生地に層を作る。

なるべく手の熱を生地に伝えないよう、手早くまとめるのがコツ。

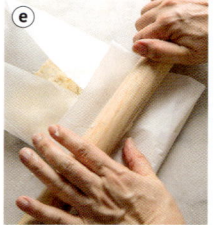

オーブンシートにはさむと生地がべたつかず、きれいにのばせる。

PART 1 | ナッツを使ったシンプルなケーキ

Caramel & Walnut Scone

Banana & Fig Scone

キャラメルとくるみのスコーン

1個分
174kcal

甘くてほろ苦いキャラメルと、香ばしいくるみで大人味に焼き上げました。

材料 (三角形のもの6個分)

- A
  - 薄力粉 … 100g
  - ベーキングパウダー … 小さじ1
  - アーモンドプードル … 30g
  - 三温糖 … 20g
  - 塩 … ひとつまみ
- 豆乳 … 大さじ2
- くるみ … 5個

キャラメルクリーム (作りやすい分量)

- 三温糖 … 50g
- 水 … 小さじ2＋大さじ2
- 豆乳 … 大さじ1

下準備

- ●オーブンは180℃に予熱する。
- ●天板にオーブンシートを敷く。

作り方

1 キャラメルクリームを作る。小鍋に三温糖を入れ、水小さじ2を加えて湿らせ、中火にかける。きつね色になり、少し煙が出てきたら水大さじ2を加えて煮溶かし、豆乳を加えて混ぜる。
*はねるので注意。

2 深さのある大きめのボウルにAを入れ、泡立て器で粉に空気を含ませるようにしながら混ぜる。

3 2に豆乳を加えてカードで切るように混ぜ、粉と水分がなじんだら、1のキャラメルクリーム大さじ2と、フライパンでからいりし、細かく砕いたくるみを加えて混ぜる。

4 台に取り出してめん棒でのばし、カードで半分に切って重ね、上から両手で押さえてなじませる。これを数回くり返し、生地をまとめる。

5 オーブンシートを広げて4をはさみ、四角く整えながらめん棒で1cm厚さにのばす。カードで三角形に切り分けて天板に並べ、180℃のオーブンで20分、焼き色がつくまで焼く。

バナナといちじくのスコーン

1個分
127kcal

バナナを加えたしっとり生地に、いちじくの甘みが加わって奥行きのある味わいに。

材料 (四角形のもの6個分)

- A
  - 薄力粉 … 100g
  - ベーキングパウダー … 小さじ1
  - アーモンドプードル … 15g
  - きび砂糖 … 20g
  - 塩 … ひとつまみ
- バナナ … 1/2本
- 豆乳 … 大さじ1〜2
- ドライいちじく … 3〜4個

下準備

- ●オーブンは180℃に予熱する。
- ●天板にオーブンシートを敷く。

作り方

1 バナナはフォークでつぶし、豆乳を加えて混ぜる。いちじくは1cm角に切る。

2 深さのある大きめのボウルにAを入れ、泡立て器で粉に空気を含ませるようにしながら混ぜる。

3 1のバナナを加えてカードで切るように混ぜ、手で押さえるようにしてなじませたら、いちじくも加えて混ぜる。

4 台に取り出してめん棒でのばし、カードで半分に切って重ね、上から両手で押さえてなじませる。これを数回くり返し、生地をまとめる。

5 オーブンシートを広げて4をはさみ、四角く整えながらめん棒で1cm厚さにのばす。カードで四角形に切り分けて天板に並べ、180℃のオーブンで20分、焼き色がつくまで焼く。

PART 1 バター・オイルなしでも こんなにおいしい焼き菓子

48   *Non-butter Non-oil sweets*

Grapefruit Tart

グレープフルーツのタルト

アーモンドプードルの風味を効かせて、サクサク香ばしく焼き上げた生地に
なめらかな豆乳カスタード、ジューシーなグレープフルーツがおいしいハーモニーを奏でます。

材料（直径15cmの底取れタルト型1台分）

- A
  - 薄力粉 … 75g
  - ベーキングパウダー … 小さじ1
  - アーモンドプードル … 20g
  - きび砂糖 … 15g
  - 塩 … ひとつまみ
- 卵黄 … 1個分
- 豆乳 … 大さじ2
- 豆乳カスタード（→P83）… 200㎖
- グレープフルーツ（イエロー・ルビー）
  … 各1個

下準備

- オーブンは180℃に予熱する。
- グレープフルーツは皮と薄皮をむく。

1人分
165kcal

作り方

1 ボウルに**A**を入れ、泡立て器で粉に空気を含ませるようにしながら混ぜる。

2 別のボウルに卵黄と豆乳を混ぜ合わせ、**1**に加える。カードで切るように混ぜ、ときどき押さえながら粉と水分をなじませる。

＊水分が足りなければ豆乳適量を加えて調節する。

3 ラップを広げ、**2**を取り出してはさみ、めん棒で5mm厚さ、直径20cmくらいの円形にのばす。

4 ラップごと持ち上げ、ひっくり返して型にかぶせ、指で押さえて型にきっちりと敷き込む。ラップをはずして上からめん棒を転がし、縁の余分な生地を落とす。フォークで底面全体に穴をあけ、アルミホイルにのせた重しをのせる。

5 180℃のオーブンで15分焼き、一度取り出してアルミホイルと重しをはずす。さらに10分焼き、型のまま冷ます。

6 完全に冷めたら型からはずし、豆乳カスタードをのせて表面をパレットナイフなどで平らにならす。グレープフルーツを放射状に並べる。

生地を練らないように気をつけながら、さくさくと混ぜる。

ラップの上から指で押さえ、底や側面にすきまなく生地を敷き込む。

型の縁からはみ出た余分な生地は、めん棒を転がして落とす。

焼いたときに生地が浮き上がらないよう、フォークで空気穴をあける。

重し（タルトストーン）がなければ小豆などで代用してもOK。

Dried Kiwifruit Tart

ドライキウイのタルト

バナナココナッツクリームとドライキウイが好相性で、トロピカルな味わい。
キウイは半日ほど日陰で干すとほどよく酸味が抜けて、自然な甘みが出てきます。

材料（直径15cmの底取れタルト型1台分）

A
薄力粉 … 75g
ベーキングパウダー … 小さじ1
アーモンドプードル … 20g
きび砂糖 … 15g
塩 … ひとつまみ

卵黄 … 1個分
豆乳 … 大さじ2

バナナココナッツクリーム
バナナ … 2本（150g）
ココナッツミルク … 70㎖
プレーンヨーグルト … 大さじ2
卵黄 … 1個分
コーンスターチ … 大さじ1

キウイ … 1個

B
ココナッツパウダー・粉砂糖
… 各小さじ2

下準備

● オーブンは180℃に予熱する。
● キウイは皮をむいて7mm厚さに切り、涼しい場所で2日ほど干す。
● Bは混ぜ合わせておく。

作り方

1 ボウルに**A**を入れ、泡立て器で粉に空気を含ませるようにしながら混ぜる。

2 別のボウルに卵黄と豆乳を混ぜ合わせ、**1**に加える。カードで切るように混ぜ、ときどき押さえながら粉と水分をなじませる。

＊水分が足りなければ豆乳適量を加えて調節する。

3 ラップを広げ、**2**を取り出してはさみ、めん棒で5mm厚さ、直径20cmくらいの円形にのばす。

4 ラップごと持ち上げ、ひっくり返して型にかぶせ、指で押さえて型にきっちりと敷き込む。ラップをはずして上からめん棒を転がし、縁の余分な生地を落とす。フォークで底面全体に穴をあける。

5 バナナココナッツクリームを作る。ボウルにバナナ以外の材料を混ぜ合わせ、粗くつぶしたバナナを加えて混ぜる。

6 **4**のタルト生地に**5**を流し入れて表面をパレットナイフなどで平らにならし、180℃のオーブンで10分焼く。一度取り出して干したキウイをのせてさらに15分焼き、型のまま冷ます。

7 完全に冷めたら型からはずし、茶こしで**B**をふる。

1人分
163kcal

PART 1 ｜ バター・オイルなしでも こんなにおいしい焼き菓子

51

52   *Non-butter Non-oil sweets*

Tofu Chocolate Cream Tart

豆腐チョコクリームのミニタルト

豆腐クリームにココアパウダーを加えた豆腐チョコクリームは、あと味の軽いすっきりとした甘さ。
香ばしいサクサクのタルト生地に、よく合います。

材料（タルトレット型5個分）

A ┌ 薄力粉 … 75g
　├ ベーキングパウダー … 小さじ1
　├ アーモンドプードル … 20g
　├ きび砂糖 … 15g
　└ 塩 … ひとつまみ
卵黄 … 1個分
豆乳 … 大さじ2
豆腐チョコクリーム（→P81）… 150mℓ
ココアパウダー … 適量
ピスタチオ … 5粒

下準備

● オーブンは180℃に予熱する。

1個分
160kcal

作り方

1 ボウルに**A**を入れ、泡立て器で粉に空気を含ませるように
しながら混ぜる。

2 別のボウルに卵黄と豆乳を混ぜ合わせ、**1**に加える。カード
で切るように混ぜ、ときどき押さえながら粉と水分をなじま
せる。

＊水分が足りなければ豆乳適量を加えて調節する。

3 ラップを広げ、**2**を取り出してはさみ、めん棒で5mm厚さ
にのばす。5等分してタルトレット型に敷き込み、フォーク
で底面全体に穴をあけ、アルミホイルにのせた重しをのせ
る。

4 180℃のオーブンで15分焼き、一度取り出してアルミホイ
ルと重しをはずす。さらに10分焼き、型のまま冷ます。

5 完全に冷めたら型からはずし、豆腐チョコクリームをたっぷ
りとのせる。ココアパウダーをふり、ピスタチオをのせる。

PART 1　バター・オイルなしでも こんなにおいしい 焼き菓子

54   *Non-butter Non-oil sweets*

Soymilk Custard Popover

豆乳カスタードの
ポップオーバー

いま巷で人気のポップオーバーは、外はパリッ、中はもちっとしたシュー皮のようなお菓子。
卵のチカラでぷっくりとふくらみます。小さめのマフィン型でかわいらしく焼きました。

材料 (直径4.5cmのミニマフィン型12個分)

A ┌ 薄力粉 … 1/2カップ
  └ 塩 … ひとつまみ

卵 … 1個

豆乳 … 1/2カップ

豆乳カスタード (→P83) … 200㎖

下準備

● Aは合わせてふるう。
● オーブンは190℃に予熱する。

1個分
52kcal

作り方

1 ボウルに卵と豆乳を混ぜ合わせ、ふるったAを加え、泡立て器で空気を含ませるようにしながら混ぜる。そのまま10分以上おく。

2 生地をスプーンですくって型の6分目まで流し入れる。

3 190℃のオーブンで25〜30分焼く(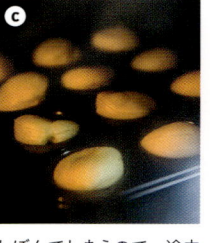〜)。型からはずしてクーラーにのせ、そのまま冷ます。

4 完全に冷めたら横半分に切り、豆乳カスタードを詰める。

泡立て器でぐるぐるとまわすように混ぜる。

焼くとふくらむので、型の6分目くらいまで。

しぼんでしまうので、途中でオーブンを開けないこと。

ポコポコッとふくらんだら焼き上がり。

ひっくり返して型からはずし、クーラーにのせて冷ます。

PART 1 バター・オイルなしでもこんなにおいしい焼き菓子

Sesame & Pumpkin Popover

ごまのポップオーバー かぼちゃクリーム

基本の生地に、ぷちぷち食感の黒ごまを加えてアクセントをつけました。
かぼちゃの甘みとヨーグルトの酸味が絶妙なクリームを、たっぷり詰めて。

材料（直径4.5cmのミニマフィン型12個分）

A ┌ 薄力粉 … 1/2カップ
　　 └ 塩 … ひとつまみ

卵 … 1個

豆乳 … 1/2カップ

黒いりごま … 大さじ1

かぼちゃクリーム

┌ かぼちゃ … 150g
│ 三温糖 … 大さじ2
│ プレーンヨーグルト … 大さじ3
└ シナモンパウダー（あれば）… 少々

下準備

● Aは合わせてふるう。
● オーブンは190℃に予熱する。

作り方

1 ボウルに卵と豆乳を混ぜ合わせ、ふるったAを加え、泡立て器で空気を含ませるようにしながら混ぜる。黒ごまを加えて混ぜ、そのまま10分以上おく。

2 生地をスプーンですくって型の6分目まで流し入れる。

3 190℃のオーブンで25〜30分焼く。型からはずしてクーラーにのせ、そのまま冷ます。

4 かぼちゃクリームを作る。かぼちゃはよく洗って種をとり、皮つきのまま乱切りにする。耐熱容器に並べてラップをし、電子レンジでやわらかくなるまで3分加熱する。トッピング用に少量を取り分け、残りは皮をむく。

5 熱いうちにフォークでつぶし、残りの材料を加えて練り混ぜ、そのまま冷ます。

6 3が完全に冷めたら横半分に切り、かぼちゃクリームを詰める。トッピング用のかぼちゃをひと口大に切ってのせる。

1個分
56kcal

56　*Non-butter Non-oil sweets*

Strawberry & Azuki Popover

いちごとあずきのポップオーバー

ジューシーで甘酸っぱいいちごに、すっきり甘いあずきが好相性。
ポップオーバーの生地は冷凍保存できるので、いろいろアレンジを楽しめるのもうれしい。

材料（直径4.5cmのミニマフィン型12個分）

A ┌ 薄力粉 … 1/2カップ
　└ 塩 … ひとつまみ

卵 … 1個
豆乳 … 1/2カップ
いちご … 6個
ゆであずき（市販）… 100g

下準備

● Aは合わせてふるう。
● オーブンは190℃に予熱する。

作り方

1 ボウルに卵と豆乳を混ぜ合わせ、ふるったAを加え、泡立て器で空気を含ませるようにしながら混ぜる。そのまま10分以上おく。

2 生地をスプーンですくって型の6分目まで流し入れる。

3 190℃のオーブンで25～30分焼く。型からはずしてクーラーにのせ、そのまま冷ます。

4 完全に冷めたら横半分に切り、半分に切ったいちごとあずきを詰める。

PART 1 ── バター・オイルなしでも こんなにおいしい焼き菓子

1個分
48kcal

甘くない
お食事系焼き菓子

甘さを抑えた焼き菓子は、忙しい日の朝ごはんやちょっとした軽食がわりにも。
ハーブを加えたり塩味を効かせれば、お酒のおともにもぴったりです。

Herb & Cheese Cookie

おつまみクッキー
【ハーブ/チーズ】

粉と塩、水だけで作るシンプルなクッキーは、ポリポリの食感がクセになります。
ハーブやチーズの風味を加えれば、つい手がのびるお酒のおつまみに。

材料（各15本分）

A
- 薄力粉 … 100g
- ベーキングパウダー … 小さじ2/3
- 塩 … 小さじ1/4
- 好みのドライハーブ（オレガノなど） … 少々

水 … 60㎖
クミン・パルメザンチーズ … 適量

下準備
- オーブンは180℃に予熱する。
- 天板にオーブンシートを敷く。

作り方

1 ボウルに**A**を入れ、分量の水を少しずつ加えながら、泡立て器で練らないように混ぜる。

2 全体がまとまったら**1**を打ち粉（薄力粉・分量外）をした台の上に取り出し、めん棒で5mm厚さにのばす。

3 カードで2×5cmの長方形に切り分け、それぞれ両端を引っ張りながら10cm長さまでのばし、天板に並べる。

4 半量にクミンを、残りにパルメザンチーズをまぶし、180℃のオーブンで18分焼く。

1本分
25kcal

Cheese Cookie

Herb Cookie

Smoked Salmon &
Cream Cheese

Prosciutto &
Camembert Cheese

60   Non-butter Non-oil sweets

Popover Appetizer

ポップオーバーのオードブル2種
【生ハム&カマンベール／サーモン&クリームチーズ】

甘さ控えめのポップオーバーを、パーティやおもてなしの前菜にアレンジ。
野菜やチーズ、生ハム、サーモンのほかに、ツナやレバーペーストなどもよく合います。

材料（直径4.5cmのミニマフィン型12個分）

A
- 薄力粉 … 1/2カップ
- 塩 … ひとつまみ

卵 … 1個

豆乳 … 1/2カップ

生ハム&カマンベール

B
- 生ハム … 6枚
- カマンベールチーズ（ひと口大に切る）… 50g
- レタス（6等分にちぎる）… 1枚
- ミニトマト（くし形切り）… 赤・黄合わせて1個分

サーモン&クリームチーズ

C
- スモークサーモン … 6枚
- クリームチーズ … 50g
- 紫玉ねぎ（薄切り）… 少々
- フェンネル … 少々

下準備
- Aは合わせてふるう。
- オーブンは190℃に予熱する。

作り方

1 ボウルに卵と豆乳を混ぜ合わせ、ふるったAを加え、泡立て器で空気を含ませるようにしながら混ぜる。そのまま10分以上おく。

2 生地をスプーンですくって型の6分目まで流し入れる。

3 190℃のオーブンで25〜30分焼く。型からはずしてクーラーにのせ、そのまま冷ます。

4 完全に冷めたら横半分に切り、半分にBを、残り半分にCを彩りよくのせる。

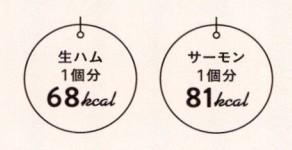

生ハム
1個分
68kcal

サーモン
1個分
81kcal

TOPICS 1 　甘くないお食事系焼き菓子

62   *Non-butter Non-oil sweets*

TOPICS 1　甘くないお食事系焼き菓子

Bacon, Dried Tomato & Pumpkin Scone

ベーコンとドライトマトの
かぼちゃスコーン

ほんのり甘いかぼちゃ入りの生地を、ベーコンの塩けとトマトの酸味が引き締めます。
具だくさんのスープと合わせれば、朝食やブランチにもぴったり。

材料（三角形のもの6個分）

A ┌ 薄力粉 … 100g
　└ ベーキングパウダー … 小さじ1

かぼちゃ … 50g

ベーコン（ブロック）… 30g

ドライトマト（市販）… 20g

B ┌ プレーンヨーグルト … 大さじ3
　│ 塩 … 少々
　│ 豆乳 … 大さじ1
　└ オレガノ … 小さじ1/2

下準備

● オーブンは180℃に予熱する。
● 天板にオーブンシートを敷く。

1個分
105kcal

作り方

1 かぼちゃはよく洗って皮つきのまま適当な大きさに切り、耐熱容器に並べてラップをし、電子レンジで1分〜1分30秒加熱する。熱いうちに皮をむき、トッピング用に少量を取り分け、残りは粗くつぶす。

2 ベーコンは7mm角に、ドライトマトは5mm角に切る。**B**を加えてさっと混ぜる。

3 深さのある大きめのボウルに**A**を入れ、泡立て器で粉に空気を含ませるようにしながら混ぜる。**1**、**2**を加えてカードで切るように混ぜる。
＊かぼちゃによって水分量が違うので、パサつく場合は豆乳適量を加えて調節する。

4 台に取り出してめん棒でのばし、カードで半分に切って重ね、上から両手で押さえてなじませる。これを数回くり返し、生地をまとめる。

5 オーブンシートを広げて**4**をはさみ、四角く整えながらめん棒で1cm厚さにのばす。カードで三角形に切り分けて天板に並べ、トッピング用のかぼちゃをのせる。

6 180℃のオーブンで20分、焼き色がつくまで焼く。

{ *Column* }

道具の話

お菓子作りに必要な基本の道具たち。
素材やデザインなどいろいろありますが、
手になじみやすい、使いやすいものを
選んでください。

① ボウル

ステンレス製で、直径24〜25cmくらいの大きめのものと、直径20〜21cmくらいのものがあると便利です。粉類を混ぜたりメレンゲを泡立てるときは、深さのあるものが重宝。

② 粉ふるい

薄力粉などをふるって、なめらかな生地にするために使います。万能こし器や目の細かいざるでも代用可能。

③ ゴムべら

生地をさっくりと混ぜたり、ボウルについた生地をこそげたりするときに。持ち手とへらが一体になっている、シリコン製のものが使いやすくおすすめです。

④ めん棒

クッキーなどの生地をのばすときに使用。素材も長さもいろいろありますが、本書では長さ約35cmの木製のものを使っています。

⑤ オーブンシート

主にオーブンの天板や型に敷き込むのに使用。また、クッキーなどの生地をのばす際、オーブンシートにはさんでめん棒を転がすと、べたつかず、きれいにのばせます。

⑥ 泡立て器

生地を混ぜたり、クリームを泡立てるときに。メレンゲなど、高速で一気に泡立てたいときは、ハンドミキサーがあると便利です。

⑦ カード

生地を切るように混ぜたり、ボウルについた生地をこそげたり、成形や切り分けにも活躍。しなやかさのあるプラスチック製がおすすめ。

⑧ デジタルスケール

お菓子作りに欠かせない計量。1g単位で正確に計れるデジタル式があると重宝します。

Non-butter Non-oil

PART 2
—
Cold Dessert

ひんやり、ぷるるん
冷たいお菓子

ひんやりと心地よく、やさしい口当たりのお菓子は
暑い季節にはもちろん、食事のあとやティータイム、
気分をリフレッシュしたいときにもぴったり。
豆乳や豆腐、ヨーグルトなど、女性にうれしい材料を
たっぷり使って、ヘルシーに仕上げましょう。

Soymilk Pudding

ふるふる 豆乳プリン3種

牛乳のかわりに豆乳で作る、ふんわりやさしい味のプリンです。
コーヒープリンは、なつかしいコーヒーキャンディの味。
甘さ控えめの甘酒プリンは、フルーツで自然の甘みを加えて召し上がれ。

豆乳プリン
→作り方はP68

豆乳甘酒プリン
→作り方はP69

豆乳コーヒープリン
→作り方はP69

PART 2 | ひんやり、ぷるるん 冷たいお菓子

Soymilk Pudding

豆乳プリン

穏やかな甘みの素朴なプリンに、ほろ苦いキャラメルをからませていただきます。
豆乳独特の香りが苦手な人にも、これならきっとおいしいと言ってもらえるはず。

材料（容量100mlの耐熱容器4個分）

豆乳 … 300ml

卵 … 2個

きび砂糖 … 40g

バニラエッセンス … 少々

キャラメルソース

三温糖 … 60g
水 … 大さじ1
湯 … 大さじ2

下準備

● オーブンは150℃に予熱する。

1個分
174kcal

作り方

1　ボウルに卵を割りほぐし、きび砂糖を加えて泡立て器で混ぜる。豆乳を加えてのばし、こし器でこす。バニラエッセンスを加えて混ぜる。

2　耐熱容器に等分に流し入れ、天板に並べる。天板に1cm高さまで熱湯を注ぎ、150℃のオーブンで40分、湯せん焼きにする。あら熱がとれたら冷蔵庫で冷やす。

3　キャラメルソースを作る。小鍋に三温糖を入れ、分量の水を加えて湿らせ、中火にかける。きつね色になり、少し煙が出てきたら湯を加えて煮詰める。

＊はねるので注意。

4　**3**のあら熱がとれたら**2**にかける。

1個分
92kcal

Amazake Pudding

豆乳甘酒プリン

麹の香りがふんわりと鼻をくすぐる甘酒プリンは、砂糖を入れずに作ります。
シロップ漬けのフルーツ缶詰が、ほどよい甘味をプラス。

材料（容量100㎖の耐熱容器4個分）

豆乳 … 300㎖

卵 … 2個

甘酒（市販）… 50㎖

ミックスフルーツ（缶詰）… 適量

下準備

● オーブンは150℃に予熱する。

作り方

1 ボウルに卵を割りほぐし、豆乳を加えてのばし、こし器でこす。甘酒を加えて混ぜる。

2 耐熱容器に等分に流し入れ、天板に並べる。天板に1cm高さまで熱湯を注ぎ、150℃のオーブンで40分、湯せん焼きにする。あら熱がとれたら冷蔵庫で冷やす。

3 フルーツ缶を細かく刻み、**2**にのせる。

1個分
137kcal

Coffee Pudding

豆乳コーヒープリン

濃いめのコーヒーを加えて、ほろ苦い大人味に仕上げたプリン。
コンデンスミルクを豆乳でのばした、ミルキーなソースを合わせてまろやかに。

材料（容量100㎖の耐熱容器4個分）

豆乳 … 300㎖

卵 … 2個

きび砂糖 … 40g

インスタントコーヒー（粉末）… 小さじ2

湯 … 大さじ1

ミルキーソース

> コンデンスミルク … 大さじ1
> 豆乳 … 大さじ1

下準備

● オーブンは150℃に予熱する。

作り方

1 インスタントコーヒーに湯を加えて混ぜる。

2 ボウルに卵を割りほぐし、きび砂糖を加えて混ぜる。豆乳を加えてのばし、こし器でこす。**1**を加えて混ぜる。

3 耐熱容器に等分に流し入れ、天板に並べる。天板に1cm高さまで熱湯を注ぎ、150℃のオーブンで40分、湯せん焼きにする。あら熱がとれたら冷蔵庫で冷やす。

4 コンデンスミルクと豆乳を混ぜ合わせてミルキーソースを作り、**3**にかける。

70   *Non-butter Non-oil sweets*

Pumpkin Pudding

どっしり かぼちゃプリン

かぼちゃと卵たっぷりで、どっしり食べごたえのあるプリン。
そのまま食べれば自然な甘み、コクのある黒みつともよく合います。

材料（容量600mlの耐熱容器1台分）

かぼちゃ … 正味200g

卵 … 3個

三温糖 … 40g

豆乳 … 200ml

黒みつ

- 黒砂糖 … 50g
- 水 … 大さじ2

下準備

- オーブンは150℃に予熱する。

1人分
143kcal

作り方

1 かぼちゃはよく洗って種をとり、皮つきのままラップに包み、電子レンジで5分加熱する。熱いうちに皮をむき、フォークでなめらかにつぶす。

2 三温糖を加えてよく混ぜ、卵をひとつずつ割り入れ、そのつどよく混ぜる。豆乳を加えて混ぜ、こし器でこしながら耐熱容器に流し入れる。

3 天板にのせ、天板の高さ2cmまで熱湯を注ぎ、150℃のオーブンで40分、湯せん焼きにする。あら熱がとれたら冷蔵庫でひと晩冷やす。

＊生地の真ん中を押してみて、固まっていたら焼き上がり。

4 鍋に黒砂糖と分量の水を入れて中火にかけ、煮溶かして黒みつを作り、**3**にかける。

72   Non-butter Non-oil sweets

Orange Tiramisu

オレンジティラミス

オレンジのさわやかな酸味とジューシーさを味わうデザート。
1〜2日冷蔵庫で寝かせ、ビスケットがしっとりとなじんだころもおいしい。

材料(約15×15×深さ10cmの器1台分)

プレーンヨーグルト … 400g

オレンジジュース … 50㎖

三温糖 … 大さじ2

グランマニエ … 大さじ1

フィンガービスケット(市販) … 8本

オレンジ … 2個

1人分
112kcal

作り方

1 ざるにキッチンペーパーを敷いてヨーグルトを入れ、ひとまわり小さなボウルに重ねてひと晩冷蔵庫におき、水きりする。

2 1に三温糖とグランマニエを加え、よく混ぜる。

3 器にビスケットの半量を並べ、オレンジジュースの半量を注いでしみ込ませ、**2**の半量をのせて広げる。これをもう一度くり返し、2層にする。

4 オレンジの皮をむいて横1cm幅の輪切りにし、さらに半分に切って**3**の上に並べる。

Soymilk Jelly

豆乳ゼリー 2種のソース

豆乳のまろやかな甘みが際立つゼリーは、ソースを変えて楽しみます。
スプーンですくって口に入れると、ぷるるん、ととろけます。

材料 (容量100mℓのグラス4個分)

豆乳 … 400mℓ

きび砂糖 … 大さじ3〜4

粉ゼラチン … 7g

水 … 大さじ3

抹茶ソース

抹茶 … 小さじ2
熱湯 … 大さじ1
きび砂糖 … 大さじ1

ゆであずき (市販) … 適量

フルーツソース

いちご … 8個
三温糖 … 大さじ1

ミント (好みで) … 少々

作り方

1 ゼラチンは分量の水を加えて15分おき、ふやかす。

2 鍋に豆乳を入れて中火にかけ、きび砂糖を加えて煮溶かす。火を止めて**1**を加え、余熱で溶かす。

3 あら熱がとれたら等分にグラスに流し入れ、冷蔵庫で冷やし固める。

4 抹茶ソースを作る。抹茶を分量の熱湯で溶き、砂糖を加えて混ぜ、冷ます。**3**の半量にかけ、あずきをのせる。

5 フルーツソースを作る。いちごをフォークで粗くつぶし、三温糖を加えて混ぜる。残りの**3**にかけ、あればミントを飾る。

抹茶ソース
1個分
148kcal

フルーツソース
1個分
104kcal

PART 2 　ひんやり、ぷるるん 冷たいお菓子

75

Soymilk Fruit Ice Pop

豆乳のフルーツアイスバー

豆乳のおかげでほどよくミルキー。甘すぎず、さっぱりとしたあと味です。
見た目もかわいい色とりどりのフルーツが、シャリッと心地よい。

材料（容量80mℓの型6本分）

豆乳 … 300mℓ

A｜ はちみつ … 大さじ2
　｜ コンデンスミルク … 大さじ4
　｜ プレーンヨーグルト … 100g

粉ゼラチン … 3g

水 … 大さじ2

好みのフルーツ（いちご、ブルーベリー、ラズベリー、
　マンゴーなど）… 適量

作り方

1　ゼラチンは耐熱容器に入れ、分量の水を加えて
　　10分おき、ふやかす。

2　ボウルに豆乳を入れ、**A**を加えて混ぜ合わせる。

3　**1**はラップをかけずに電子レンジで15〜20秒、泡
　　立つまで加熱する。**2**に加えてよく混ぜる。

4　型に食べやすく切ったフルーツを入れて**3**を注
　　ぎ、冷凍庫で冷やし固める。

1本分
115 *kcal*

76　*Non-butter Non-oil sweets*

78   *Non-butter Non-oil sweets*

Tofu Shiratama Fruit Punch

豆腐白玉のフルーツポンチ しょうが風味

水を加えず、豆腐の水分だけで練った白玉は、"とろーり、もちっ"の新食感。
さわやかな甘みのしょうがシロップと合わせたら、なごみのおやつになりました。

材料（2人分）

白玉粉 … 50g

絹ごし豆腐 … 50g

きび砂糖 … 小さじ2

しょうがシロップ（→P82） … 大さじ1

ミックスフルーツ（缶詰） … 適量

1人分
169kcal

作り方

1　ボウルに白玉粉と豆腐の半量を入れ、手でつぶしながら混ぜる。

2　残りの豆腐を少しずつ加えながら混ぜ、きび砂糖も加えて、耳たぶくらいのやわらかさに練る。

3　直径2cmくらいの球状に丸め、熱湯でゆでる。浮かんできたらさらに1分ゆで、冷水にとる。

4　器にフルーツ缶を盛り、**3**の水けをきってのせ、しょうがシロップをかける。

＊好みでフルーツ缶の缶汁を一緒にかけてもよい。

簡単＆ヘルシー
クリーム・シロップ・ソース

お菓子に欠かせないクリームやソースは高カロリー…。
そこで、乳脂肪分の多い生クリームや牛乳のかわりに豆腐や豆乳を使って
脂質をカットしました。軽やかな口当たりで、食べ疲れないのもうれしい。

Yogurt Cream

Tofu Chocolate Cream

Fruit Sauce

Ginger Syrup

Soymilk Custard Cream

Tofu Cream

Tofu Cream

豆腐クリーム

ほんのり豆の風味が香るヘルシーなクリームは、生クリームのかわりに。
マシュマロに含まれるゼラチンのおかげでだれにくく、
メレンゲのおかげでふんわりクリーミィな仕上がりに。

材料（約300mℓ分）

絹ごし豆腐 … 1丁（300g）

メープルシロップ … 大さじ4

レモン汁 … 小さじ2

マシュマロ … 60g

作り方

1 豆腐は粗くくずして耐熱ボウルに入れ、ラップをかけずに電子レンジで2分加熱する@。ざるにあげて約2時間おき、しっかり水けをきる。

2 フードプロセッサーに**1**、メープルシロップ、レモン汁を入れ、なめらかになるまで撹拌する。

3 別の耐熱ボウルにマシュマロを入れ、ラップをせずに電子レンジで1分ほど、全体がふくらむまで加熱する⑥。泡立て器でよく混ぜ、とろとろになったら**2**を加えてよく混ぜ©、冷蔵庫で冷やす。

〔 冷蔵庫で3～4日保存可能 〕

豆腐からしっかり水分が出るまで電子レンジで加熱する。

全体がぷっくりとふくらんだところで取り出し、すぐに泡立て器で混ぜる。

冷やすと固まるので、少しやわらかめに仕上げる。

TOPICS 2 ｜ 簡単＆ヘルシー　クリーム・シロップ・ソース

Tofu Chocolate Cream

豆腐チョコクリーム

豆腐クリームにココアパウダーを加えたほろ苦いクリームは、
スコーンにつけたり、タルトのフィリングなどに使えます。
好みでブランデーを小さじ3ほど加えると、大人の味に。

材料（約150mℓ分）

豆腐クリーム（→上記参照） … 150mℓ

ココアパウダー … 大さじ3

〔 冷蔵庫で3～4日保存可能 〕

作り方

豆腐クリームにココアパウダーを加え、ゴムべらでよく混ぜる。

Yogurt Cream
ヨーグルトクリーム

水きりヨーグルトにマシュマロで甘みとコクを加えた
ほどよい酸味のある濃厚なクリームです。
相性のいいフルーツと合わせて、ロールケーキやティラミスなどに。

材料（約250㎖分）

プレーンヨーグルト … 400g
マシュマロ … 60g

冷蔵庫で1週間ほど保存可能

作り方

1 ざるにキッチンペーパーを敷いてヨーグルトを入れ、ひとまわり小さなボウルに重ねてひと晩冷蔵庫におき、水きりする。

2 耐熱ボウルにマシュマロを入れ、ラップをかけずに全体がふくらむまで1分ほど加熱する。泡立て器でよく混ぜ、とろとろになったら**1**を加えてよく混ぜ、冷蔵庫で冷やす。

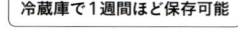

Ginger Syrup
しょうがシロップ

薄切りのしょうがをはちみつに漬け、冷蔵庫で数日おくだけで
しょうがの香りや辛みが引き出され、スパイシーなシロップに。
プリンなどのソースにしたり、炭酸水で割ってドリンクにしても。

材料（約100㎖分）

しょうが … 1かけ
はちみつ … 100㎖

冷蔵庫で1か月ほど保存可能

作り方

しょうがはよく洗い、皮つきのまま薄切りにする。はちみつとともに密閉容器に入れ、しょうがの水分が出てくるまで冷蔵庫で2日以上おく。

Fruit Sauce
フルーツソース

フルーツ缶を缶汁ごとつぶしただけの簡単ソース。
いちごやブルーベリーなど、季節のフレッシュフルーツで作ってもおいしくできます。
酸味のあるくだものを使う場合は、三温糖やはちみつで甘みを加えて。

材料（作りやすい分量）

好みのフルーツ缶（マンゴーなど） … 1缶

冷蔵庫で3日ほど保存可能

作り方

フルーツ缶を缶汁ごとミキサーに入れ、撹拌する。

Soymilk Custard Cream

豆乳カスタード

牛乳のかわりに豆乳で作る、あと味の軽やかなカスタードクリーム。
電子レンジで作れる手軽さもうれしいところ。
スコーンに添えたり、タルトやポップオーバーのフィリングにも大活躍です。

材料（約300㎖分）

卵 … 1個

きび砂糖 … 大さじ4

薄力粉 … 大さじ2

豆乳 … 200㎖

バニラエッセンス … 少々

冷蔵庫で3日ほど保存可能

作り方

1 耐熱ボウルに卵を割りほぐし、きび砂糖と薄力粉を加え、泡立て器でダマがなくなるまでよく混ぜる。

＊グレープフルーツのタルト（→P49）に使用する場合は、薄力粉の分量を大さじ3にして、ややかためにするときれいに仕上がる。

2 なめらかになったら豆乳を加えてのばす。

3 ラップをかけずに電子レンジで2分加熱し、一度取り出して混ぜる。再び1分30秒加熱し、取り出してよく混ぜる。

＊底のほうが固まっている場合があるので、なめらかになるまでしっかり混ぜる。

4 あら熱がとれたらバニラエッセンスを加え混ぜ、ラップをぴったりとかけて冷蔵庫で冷やす。

TOPICS 2　簡単＆ヘルシー　クリーム・シロップ・ソース

{ *Column* }

お菓子の型の話

製菓用の型もサイズや素材などさまざまですが、
できるだけ扱いやすく手入れのしやすいもの、
おいしく食べきれるサイズのものを
選ぶといいでしょう。

❶ アイスキャンディメーカー

本書では「豆乳のフルーツアイスバー」（→P76）
に使用。1本約80mℓのものが一度に6本作れるタイプ。

❷ シフォン型

シフォンケーキ（→P32〜）作りに。直径18cm
のものを使用しました。軽くて熱伝導率の高いアルミ製がおすすめ。

❸ ミニマフィン型

ポップオーバー（→P54〜）作りに使用。専用の
型もありますが、本書では直径約4.5cmのものが
一度に12個焼けるミニマフィン型を使いました。

❹ タルト型

直径約15cmの底取れタイプ。フッ素樹脂加工
のものなら生地がこびりつきにくく、お手入れも
簡単です。

❺ ホーローバット

オーブンはもちろん、直火にもかけられるホー
ロー製のバット。本書では、バットケーキ
（→P20〜）を焼くときに約24×20×深さ3.5cm
のものを使用しました。

❻ タルトレット型

小さなタルトが焼けるタルトレット型は、いろい
ろな形があります。本書では「豆腐チョコクリー
ムのミニタルト」（→P52）を焼くときにボート形
のものを使いました。

❼ 丸形セルクル

「豆乳とアーモンドのスコーン」（→P44）を丸く
抜くのに、直径約5.5cmのものを使用。なけれ
ばコップなどで代用してもOKです。

❽ 丸ケーキ型

チーズケーキ（→P38〜）を焼くのに、直径15cm
の底取れ丸型を使用。底取れタイプなら、ケー
キを型から抜くのもラクラク。

Non-butter Non-oil

PART3

—

Simple Dessert

市販の材料で作れる
簡単おやつ

コーンフレークや食パン、春巻きや餃子の皮…
「えっ、これがおやつになるの？」と驚かれる
アイディアレシピをご紹介しましょう。
いつも家にある材料で、思い立ったらすぐ作れるから
ちょっとお腹がすいたとき、食後にひと口つまみたいときに。

86   Non-butter Non-oil sweets

Cornflakes Bar

アメリカン
コーンフレークバー

さくさくのコーンフレークに、甘酸っぱいドライフルーツ、
香ばしいナッツをマシュマロの濃厚な甘みでまとめます。
ヌガーのような、アメリカンなおやつ。

材料（12×18cmの耐熱皿1台分）

マシュマロ … 約10個（60g）
コーンフレーク（砂糖不使用）… 1/2カップ
ドライいちじく（細かく刻む）… 1個
レーズン … 大さじ1
かぼちゃの種 … 大さじ1弱
好みのナッツ（アーモンドスライスなど）… 30g

作り方

1 耐熱皿にオーブンシートを敷き、マシュマロを並べ、残り
の材料をまんべんなく散らす。

2 ラップをかけずに電子レンジで3分加熱し、マシュマロが
ふくらんだら取り出し、軽く混ぜる。上にオーブンシート
をかぶせ、手でギュッと押さえて平らにつぶす。
＊熱いのでやけどに注意。

3 あら熱がとれたら冷蔵庫で冷やし固め、完全に固まった
らナイフで食べやすい大きさに切る。

1人分
59kcal

PART 3 ── 市販の材料で作れる 簡単おやつ

Baguette & Fruit Gratin

フルーツパングラタン

フルーツは酸味のあるベリーが合いますが、バナナを加えてもおいしいです。
卵液に好みでラム酒などのリキュールを加えると大人の味に。

材料（容量400mlの耐熱皿1台分）

バゲット … 5cm

好みのフルーツ（ブルーベリー、ラズベリー、
　ブラックベリーなど） … 適量

A ┌ 薄力粉 … 大さじ2
　└ 卵 … 2個

豆乳 … 200ml

三温糖 … 40g

下準備

●オーブンは160℃に予熱する。

1人分
132kcal

作り方

1 ボウルに**A**を入れ、ダマがなくなるまで泡立て器でよく混ぜる。豆乳を加え混ぜ、三温糖も加えて混ぜる。

2 バゲットは食べやすい大きさに切り、耐熱皿に並べる。**1**の卵液を7分目まで流し入れ、フルーツを散らし、バゲットに卵液がしみ込むまでしばらくおく。

3 160℃のオーブンで30分焼く。

＊真ん中がぷっくりとふくらんで、弾力が出たら焼き上がり。

Pumpkin Stick Pie

かぼちゃの
パリパリナッツパイ

ビタミン豊富なかぼちゃに豆乳を加えたクリームを、春巻きの皮でくるりと巻いて焼きました。
そのままでもヘルシーですが、お好みでシナモンシュガーをつけるのもおすすめ。

材料（10本分）

春巻きの皮 … 5枚

かぼちゃ … 150g

豆乳 … 適量

三温糖 … 大さじ3

好みのナッツ（くるみなど）… 少々

シナモンパウダー … 少々

水溶き小麦粉 … 適量

1本分
61kcal

作り方

1 かぼちゃはよく洗って種をとり、ところどころ皮をむいて鍋に入れる。豆乳をひたひたまで注ぎ、三温糖を加えて中火にかけ、やわらかくなるまで煮る。

2 1を熱いうちにフォークでつぶし、冷ます。粗く砕いたナッツを加えて混ぜる。

3 春巻きの皮は対角線で斜め半分に切り、長辺を手前におく。2を等分にのせ、シナモンをふり、手前からくるくる巻く。巻き終わりは水溶き小麦粉をつけてとめる。

4 オーブントースター（または魚焼きグリル）でこんがりと焼き色がつくまで焼く。

＊好みでシナモンパウダー少々と粉砂糖少々を合わせたものをつけて。

食パンで茶巾あんまん

Steamed Bean-paste Bun

こしあんに、ほのかな酸味のいちじくをプラスしたら、あとは蒸すだけ。
お持ちで簡単ごまあんも加えると、風味もランクアップします。

材料（4個分）

- 食パン（サンドイッチ用）…4枚
- こしあん（市販）…大さじ6
- ドライいちじく…2個
- くるみ…4個

作り方

1. いちじくとくるみは細かく刻み、こしあんと混ぜ合わせて4等分にする。
2. ラップを広げてパンをのせ、1をのせてラップごと中に絞る。
3. そのまま電子レンジで2分加熱し、あら熱をとる。

*ラップをしたままあら熱をとることで、しっとりした食感になる。

1個分 205 kcal

Dessert Pizza

餃子の皮でデザートピッザ

デザートにほんのひと口甘いものがほしいとき、パンジュと使える便利な副菜があり。
餃子の皮を焼けば、チョコレートの甘さほどよく抑えてくれます。

材料 (4個分)

餃子の皮 … 4枚
板チョコレート … 4片
かぼちゃの種（アーモンド、
好みのナッツ（アーモンド、
かぼちゃの種など） … 適量
好みのドライフルーツ（レーズンなど）
… 適量

作り方

1 餃子の皮の真ん中にチョコレートをのせ、ナッツ、ドライフルーツを散りばく。

2 オーブントースターで7～8分焼く。

※餃子の皮が焦げつくようなら、チョコレートが溶けるくらいが目安。

1個分 45kcal

PART 3 | 小腹の満たす軽食おつまみ

nutrition

栄養価一覧

本書で紹介しているお菓子の栄養成分値です。
『日本食品標準成分表 2010』（文部科学省）に基づいて算出しています。

	メニュー名	掲載ページ	エネルギー (kcal)	たんぱく質 (g)	脂質 (g)	炭水化物 (g)	カリウム (mg)	カルシウム (mg)	鉄 (mg)	ビタミンA（レチノール当量）(µg)	ビタミンB₁ (mg)	ビタミンB₂ (mg)	ビタミンC (mg)	コレステロール (mg)	食物繊維 (g)	食塩相当量 (g)
バターもオイルも使わないクッキーのバリエーション	プレーンクッキー（1枚分）	11	22	0.5	0.8	3.2	13	4	0.1	3	0.01	0.01	0	9	0.2	0
	ジンジャークッキー（1枚分）	12	23	0.5	0.8	3.5	14	4	0.1	3	0.01	0.01	0	9	0.2	0
	ナッツドロップクッキー（1個分）	13	55	1.3	2.6	7.2	41	12	0.3	1	0.02	0.01	0	0	0.7	0
	ラムレーズンクッキー（1枚分）	14	54	1.0	1.2	9.7	71	14	0.2	5	0.02	0.02	0	15	0.5	0.1
	ボーロ／プレーン（1個分）	15	9	0.1	0.1	1.7	2	1	0	2	0	0	0	5	0	0
	ボーロ／きな粉（1個分）	15	9	0.1	0.1	1.7	2	1	0	2	0	0	0	5	0	0
バター・オイルなしでもこんなにおいしい焼き菓子	りんごとアーモンドのパウンドケーキ（1/8量）	20	143	2.7	2.8	27.7	135	24	0.4	12	0.04	0.07	3	29	1.5	0.1
	パイナップルとココナッツのパウンドケーキ（1/8量）	22	161	2.9	5.7	24.9	147	22	0.6	11	0.05	0.06	2	29	1.4	0.1
	かぼちゃとにんじんのパウンドケーキ（1/8量）	24	167	3.1	6.6	25.3	237	29	0.7	113	0.07	0.04	8	0	2.5	0.1
	豆乳カスタードのロールケーキ（1/6量）	26	167	6.3	4.4	24.8	142	28	1.1	53	0.05	0.16	4	148	0.6	0.1
	豆腐クリームの抹茶ロールケーキ（1/6量）	28	202	7.0	4.4	33.2	179	49	1.3	65	0.07	0.16	1	116	1.1	0.1
	ヨーグルトマンゴーのココアロールケーキ（1/6量）	30	178	6.9	5.3	25.6	219	100	0.8	69	0.06	0.23	3	124	0.6	0.2
	豆乳のシフォンケーキ（1/6量）	32	139	5.4	3.3	20.9	96	20	0.7	41	0.04	0.15	0	119	0.3	0.1
	チョコバナナシフォンケーキ（1/6量）	34	157	5.3	3.8	23.4	114	24	0.7	42	0.04	0.16	1	120	0.3	0.1
	チャイのシフォンケーキ（1/6量）	36	137	5.2	3.2	20.9	87	20	0.7	41	0.03	0.15	0	119	0.3	0.1
	さっぱりベイクドチーズケーキ（1/6量）	38	129	5.7	3.5	18.0	89	51	0.4	41	0.03	0.15	3	85	0.3	0.3
	さつまいもと黒ごまのしっとりチーズケーキ（1/6量）	40	153	7.2	3.5	23.0	234	72	0.5	35	0.06	0.14	10	48	0.9	0.3
	アボカドのねっとりチーズケーキ（1/6量）	42	75	2.7	3.9	7.7	132	22	0.2	17	0.02	0.08	3	26	0.7	0.1
	豆乳とアーモンドのスコーン（1個分）	44	186	4.4	7.0	26.7	177	58	0.8	0	0.06	0.12	0	0	1.9	0.4
	キャラメルとくるみのスコーン（1個分）	46	174	3.3	6.6	26.2	127	37	0.6	0	0.05	0.06	0	0	1.3	0.2
	バナナといちじくのスコーン（1個分）	46	127	2.4	1.8	26.0	186	40	0.4	1	0.04	0.04	1	0	1.9	0.2

メニュー名	掲載ページ	エネルギー (kcal)	たんぱく質 (g)	脂質 (g)	炭水化物 (g)	カリウム (mg)	カルシウム (mg)	鉄 (mg)	ビタミンA (レチノール当量) (μg)	ビタミンB₁ (mg)	ビタミンB₂ (mg)	ビタミンC (mg)	コレステロール (mg)	食物繊維 (g)	食塩相当量 (g)
バター・オイルなしでもこんなにおいしい焼き菓子															
グレープフルーツのタルト（1/6量）	48	165	4.6	4.3	27.2	242	50	0.9	35	0.09	0.10	25	65	1.2	0.2
ドライキウイのタルト（1/6量）	50	163	3.6	6.5	23.3	264	50	0.9	31	0.06	0.09	16	80	1.5	0.2
豆腐チョコクリームのミニタルト（1個分）	52	160	4.8	5.8	23.8	313	57	1.6	16.7	0.06	0.08	0	47.6	2.4	0.3
豆乳カスタードのポップオーバー（1個分）	54	52	2.1	1.3	7.5	59	8	0.4	12	0.02	0.04	0	32	0.2	0.1
ごまのポップオーバーかぼちゃクリーム（1個分）	56	56	2.1	1.5	8.4	111	22	0.5	49	0.03	0.04	5	20	0.7	0.1
いちごとあずきのポップオーバー（1個分）	57	48	1.7	0.8	8.5	54	7	0.3	7	0.02	0.03	5	19	0.5	0.1
甘くないお食事系焼き菓子															
おつまみクッキー／ハーブ（1本分）	58	25	0.5	0.1	5.1	15	6	0.1	0	0.01	0	0	0	0.2	0.1
おつまみクッキー／チーズ（1本分）	58	25	0.6	0.1	5.1	15	7	0.1	0	0.01	0	0	0	0.2	0.1
ポップオーバーのオードブル／生ハム＆カマンベール（1個分）	60	68	4.1	3.6	4.3	83	45	0.4	30	0.06	0.07	2	30	0.2	0.4
ポップオーバーのオードブル／サーモン＆クリームチーズ（1個分）	60	81	5.7	4.3	4.1	73	14	0.4	34	0.05	0.07	0	35	0.1	0.7
ベーコンとドライトマトのかぼちゃスコーン（1個分）	62	105	3.0	2.7	17.0	119	32	0.8	6	0.06	0.03	6	3	0.8	0.3
ひんやり、ぷるるん冷たいお菓子															
豆乳プリン（1個分）	66	174	6.2	4.4	27.2	199	28	1.5	41	0.04	0.14	0	116	0.2	0.1
豆乳甘酒プリン（1個分）	67	92	6.4	4.4	6.0	192	27	1.5	45	0.05	0.14	2	116	0.3	0.1
豆乳コーヒープリン（1個分）	67	137	6.8	4.9	15.7	243	44	1.5	44	0.05	0.16	0	116	0.2	0.1
どっしりかぼちゃプリン（1/6量）	70	143	5.4	3.6	22.1	344	45	1.5	151	0.05	0.16	14	116	1.2	0.1
オレンジティラミス（1/6量）	72	112	3.6	2.4	18.2	213	97	0.2	38	0.09	0.12	24	12	0.5	0.1
豆乳ゼリー／抹茶ソース（1個分）	74	148	6.4	2.2	25.3	272	24	1.7	24	0.04	0.04	1	0	1.3	0.1
豆乳ゼリー／フルーツソース（1個分）	74	104	5.4	2.1	16.0	243	20	1.4	0	0.04	0.02	12	0	0.5	0
豆乳のフルーツアイスバー（1本分）	76	115	4.2	2.7	19.0	224	75	0.8	10	0.04	0.10	10	5	0.7	0
豆腐白玉のフルーツポンチしょうが風味（1人分）	78	169	3.0	1.0	36.5	83	16	0.8	0	0.06	0.02	8.2	0	0.5	0
市販の材料で作れる簡単おやつ															
アメリカンコーンフレークバー（1/10量）	86	59	1.3	2.4	8.8	62	11	0.3	0	0.01	0.03	0	0	0.7	0
フルーツパングラタン（1個分）	88	132	6.0	4.0	17.6	150	25	1.2	41	0.04	0.13	1	116	0.5	0.2
かぼちゃのパリパリナッツパイ（1本分）	90	61	1.4	0.4	12.7	77	5	0.2	50	0.02	0.02	6	0	0.8	0
食パンで茶巾あんまん（1個分）	92	205	4.9	5.5	35.5	156	32	1.3	0	0.04	0.04	0	0	4.1	0.3
餃子の皮でデザートピザ（1個分）	93	45	1.0	1.8	6.3	36	12	0.2	2	0.02	0.03	0	1	0.4	0

田中 可奈子
Kanako Tanaka

料理研究家・栄養士。
女子栄養大学 短期大学部卒業。おいしくて作りやすい料理
を研究し、料理教室「Kanako's Kitchen」を主宰するかた
わら、書籍や雑誌、新聞、企業ホームページなどでレシピを
提案。企業のカルチャールームで講師も務める。著書に『毎
日使える干し野菜レシピ』(PHP研究所)、『クローン病・潰瘍
性大腸炎の安心ごはん』(女子栄養大学出版部)など。

きれいと健康シリーズ

ノンオイルだから
おいしいお菓子

2015年11月2日　初版第1刷発行

著　者　田中可奈子
発行者　香川明夫
発行所　女子栄養大学出版部
http://www.eiyo21.com

〒170-8481
東京都豊島区駒込3-24-3
電話　03-3918-5411（営業）
　　　03-3918-5301（編集）
振替　00160-3-84647

印刷所　大日本印刷株式会社

＊乱丁本・落丁本はお取り替えいたします。
＊本書の内容の無断転載・複写を禁じます。また本書を代
行業者等の第三者に依頼して電子複製を行うことは一切認
められておりません。

ISBN978-4-7895-4502-0
©Kanako Tanaka 2015, Printed in Japan

STAFF

ブックデザイン　菅谷真理子＋髙橋朱里（マルサンカク）

写真　野口健志

スタイリング　鈴木亜希子

製菓アシスタント　武田美雪、永松恭子

校正　滄流社

取材　草柳麻子

撮影協力　UTUWA（電話 03-6447-0070）